学力がアップする

「語《ご》彙《い》力《りょく》」が身につく！

ことばプリント

小学 1・2年生

例解学習国語辞典
第十二版対応

辞書引き学習の
深谷圭助

もくじ

「ことばプリント」小学《しょうがく》1・2年生《ねんせい》

本文イラスト／光安知子

人《ひと》の 動《うご》き ◆ 体《からだ》を 使《つか》う

上《うえ》と 下《した》の 言葉《ことば》が 正《ただ》しく つながる ように、●―● で むすびましょう。

(1) いすから ・　　・ア 転《ころ》ぶ。

(2) ドアを ・　　・イ ほる。

(3) つくえを すみに ・　　・ウ 立《た》つ。

(4) ろうかで すべって ・　　・エ よせる。

(5) あなを ・　　・オ おして 入《はい》る。

人《ひと》の動《うご》き

手《て》を使《つか》う

（ ）に あてはまる より よい 言葉《ことば》を [ ] から えらんで、記号《きごう》で答《こた》えましょう。言葉《ことば》は、一回《いっかい》ずつしか 使《つか》えません。

⑴ ふとんを（ ）。

⑵ かばんから ノートを（ ）。

⑶ 妹《いもうと》の おやつを（ ）たら なき出《だ》した。

⑷ はしを（ ）。

ア 取《と》る
イ 取《と》り出《だ》す
ウ 取《と》り上《あ》げ
エ たたむ

人《ひと》の 動《うご》き ◆ 足《あし》を 使《つか》う

言葉《ことば》の 使《つか》い方《かた》が より 正《ただ》しい ほうに ○を つけましょう。

(1) 自転車《じてんしゃ》に 乗《の》らず 駅《えき》まで
ア（　）足《あし》ぶみする。
イ（　）歩《ある》く。

(2) 一等賞《いっとうしょう》を 目《め》ざして、まっしぐらに
ア（　）ふむ。
イ（　）かける。

(3) 運動会《うんどうかい》で、音楽《おんがく》に 合《あ》わせて
ア（　）行進《こうしん》する。
イ（　）さんぽする。

(4) 紙《かみ》ひこうきを
ア（　）とぶ。
イ（　）とばす。

息《いき》を　する

（　）に　あてはまる　より　よい　言葉《ことば》を　［　］から　えらんで、記号《きごう》で答《こた》えましょう。言葉《ことば》は、一回《いっかい》ずつしか　使《つか》えません。

(1) トランペットを（　）。

(2) 水泳《すいえい》で（　）が　できる　ように　なった。

(3)（　）を　して、きんちょうを　ほぐす。

(4) かぜを　ひいて（　）が　出《で》る。

(5) 深《ふか》く　息《いき》を（　）。

ア　息《いき》つぎ
イ　しんこきゅう
ウ　せき
エ　ふく
オ　すう

人《ひと》の 動《うご》き ◇ 出《で》かける

上《うえ》と 下《した》の 言葉《ことば》が 正《ただ》しく つながる ように、•—• で むすびましょう。

(1) ひこうきで 海《うみ》を ・　　・ア 通《かよ》う。

(2) 列車《れっしゃ》が のろのろ ・　　・イ 進《すす》む。

(3) 駅《えき》へ ・　　・ウ わたる。

(4) 寒《さむ》いので たき火《び》の 近《ちか》くに ・　　・エ 向《む》かう。

(5) 妹《いもうと》は 春《はる》から 小学校《しょうがっこう》へ ・　　・オ よる。

人《ひと》の動《うご》き ◆ 見《み》る

（　）に　あてはまる　より　よい　言葉《ことば》を　⬚　から　えらんで、記号《きごう》で答《こた》えましょう。言葉《ことば》は、一回《いっかい》ずつしか　使《つか》えません。

(1) まいごに　なって　あたりを（　　）。

(2) ぼくと　兄《あに》は　顔《かお》を（　　）だまりこんだ。

(3) おかから　海《うみ》が（　　）で　見《み》わたせる。

(4) おこった　妹《いもうと》が、姉《あね》を（　　）にらみつけた。

(5) ふしぎそうに（　　）顔《かお》を　見《み》る。

ア　じっと
イ　一目《ひとめ》
ウ　見合《みあ》わせて
エ　きっと
オ　見回《みまわ》す

人《ひと》の 動《うご》き ◇ 聞《き》く

上《うえ》と 下《した》の 言葉《ことば》が 正《ただ》しく つながる ように、●—●で むすびましょう。

(1) 犬《いぬ》の 声《こえ》が ・

(2) 人《ひと》に 道《みち》を ・

(3) 親《おや》の ・

(4) サイレンが ・

(5) ドアの ベルを ・

・ア 聞《き》く。

・イ 聞《き》こえる。

・ウ 鳴《な》らす。

・エ 言《い》いつけを 守《まも》る。

・オ けたたましく 鳴《な》る。

人《ひと》の 動《うご》き ◇

話《はな》す

言葉《ことば》の 使《つか》い方《かた》が より 正《ただ》しい ほうに ○を つけましょう。

(1) 夏休《なつやす》みの できごとを 家族《かぞく》に
　ア（　）話《はな》す。
　イ（　）話《はな》し合《あ》う。

(2) 「がんばれ」と
　ア（　）会話《かいわ》が かかる。
　イ（　）かけ声《ごえ》が かかる。

(3) 先生《せんせい》に
　ア（　）口《くち》ごたえを して、おこられた。
　イ（　）相談《そうだん》を して、おこられた。

(4) おばけやしきで
　ア（　）話《はな》し合《あ》いを する。
　イ（　）悲鳴《ひめい》を あげる。

人《ひと》の動《うご》き ◆

においを かぐ

（ ）に あてはまる より よい 言葉《ことば》を [ ] から えらんで、記号《きごう》で 答《こた》えましょう。言葉《ことば》は、一回《いっかい》ずつしか 使《つか》えません。

(1) 川《かわ》が よごれて （　　） においが する。

(2) わかばが （　　）。

(3) これは いやな （　　）が する。

(4) 花《はな》の （　　）が ただよう。

(5) 生《なま》ゴミが （　　）。

ア かおり
イ かおる
ウ におい
エ におう
オ くさい

人《ひと》の 動《うご》き ◆ 感《かん》じる

（　）に あてはまる より よい 言葉《ことば》を [　] から えらんで、記号《きごう》で答《こた》えましょう。言葉《ことば》は、一回《いっかい》ずつしか 使《つか》えません。

(1) 祖母《そぼ》の コートの 生地《きじ》は、とても （　）が よい。

(2) 力に さされた あとが とても （　）。

(3) 急《きゅう》に おなかが （　） なる。

(4) 足《あし》の うらが （　）。

(5) 暑《あつ》くて のどが （　）。

ア かわく
イ かゆい
ウ くすぐったい
エ 手《て》ざわり
オ いたく

人《ひと》の　きもち　すき

言葉《ことば》の　使《つか》い方《かた》が　より　正《ただ》しい　ほうに　○を　つけましょう。

(1) 子《こ》どもたちは　すぐに　先生《せんせい》に
ア（　）なついた。
イ（　）なつかしい。

(2) ぼくは　算数《さんすう》が
ア（　）すききらいだ。
イ（　）とくいだ。

(3) 秋《あき》は　読書《どくしょ》に
ア（　）親《した》しむのに　よい　きせつだ。
イ（　）さんせいする　きせつだ。

(4) きれいな　夕《ゆう》やけ空《ぞら》を
ア（　）うっとりと　ながめる。
イ（　）おかげで　ながめる。

人《ひと》の　きもち　きらい

（　）に　あてはまる　より　よい　言葉《ことば》を［　］から　えらんで、記号《きごう》で答《こた》えましょう。言葉《ことば》は、一回《いっかい》ずつしか　使《つか》えません。

(1) むずかしい　問題《もんだい》ばかりで　勉強《べんきょう》が（　　）に　なる。

(2) いじわるを　すると（　　）よ。

(3) 寒《さむ》いのを（　　）して　うすぎで　いる。

(4) かげで（　　）を　言《い》うな。

(5) しっぱいに（　　）に　がんばる。

ア　こりず
イ　きらい
ウ　きらわれる
エ　悪口《わるくち》
オ　がまん

人《ひと》の きもち ◇ うれしい

（　）に あてはまる より よい 言葉《ことば》を ［　］から えらんで、記号《きごう》で 答《こた》えましょう。言葉《ことば》は、一回《いっかい》ずつしか 使《つか》えません。

(1) むねを （　　）させて 発表《はっぴょう》を 待《ま》つ。

(2) 運動会《うんどうかい》で 勝《か》ったので、だき合《あ》って （　　）。

(3) 病気《びょうき》が なおって （　　）。

(4) みんなで せいこうを （　　）ました。

ア よろこぶ
イ よろこび
ウ うれしい
エ わくわく

◇ いかり

（　）に　あてはまる　より　よい　言葉《ことば》を　[　]から　えらんで、記号《きごう》で　答《こた》えましょう。言葉《ことば》は、一回《いっかい》ずつしか　使《つか》えません。

(1) やくそくの　時間《じかん》に　おくれて、（　　）しながら　電車《でんしゃ》を　待《ま》つ。

(2) ハエが　（　　）。

(3) （　　）が　こみ上《あ》げる。

(4) 青《あお》すじを　立《た》てて　（　　）。

(5) うそを　ついた　弟《おとうと》を　（　　）。

ア　おこる
イ　しかる
ウ　いかり
エ　いらいら
オ　うるさい

人《ひと》の　きもち　悲《かな》しい

その　ときの　きもちに　もっとも　合《あ》う　言葉《ことば》を、●—●で　むすびましょう。

(1) 遠足《えんそく》が　中止《ちゅうし》と　決《き》まった。　・　　・ア　悲《かな》しい

(2) 一人《ひとり》ぼっちだ。　・　　・イ　こまる

(3) お金《かね》を　なくした。　・　　・ウ　がっかり

(4) ペットの　犬《いぬ》が　死《し》んだ。　・　　・エ　さびしい

人《ひと》の きもち ◇ 楽《たの》しい

（　）に あてはまる より よい 言葉《ことば》を [　] から えらんで、記号《きごう》で 答《こた》えましょう。言葉《ことば》は、一回《いっかい》ずつしか 使《つか》えません。

(1) 次《つぎ》の しあいが （　　）だ。

(2) （　　） 話《はなし》を して、人《ひと》を わらわせる。

(3) 遠足《えんそく》に 行《い》って、（　　） 一日《いちにち》を すごす。

(4) 家族《かぞく》で ドライブを （　　）。

(5) お手伝《てつだ》いを して、母《はは》に （　　）を させる。

ア 楽《たの》しむ
イ 楽《たの》しみ
ウ 楽《たの》しい
エ 楽《らく》
オ おもしろい

人《ひと》の きもち

いろいろな きもち(1)

言葉《ことば》の 使《つか》い方《かた》が より 正《ただ》しい ほうに ○を つけましょう。

(1) 友《とも》だちの はげまして
ア( )ゆうきが わく。
イ( )気分《きぶん》が わく。

(2) 進学《しんがく》を
ア( )きぼうする。
イ( )もとめる。

(3) 自転車《じてんしゃ》が
ア( )ほしい。
イ( )ねがい。

(4) 休日《きゅうじつ》を
ア( )のんびり すごす。
イ( )一生《いっしょう》けんめいに すごす。

人《ひと》の　きもち

いろいろな　きもち(2)

(　)に　あてはまる　より　よい　言葉《ことば》を　[　]から　えらんで、記号《きごう》で答《こた》えましょう。言葉《ことば》は、一回《いっかい》ずつしか　使《つか》えません。

(1) まだ　使《つか》えるのに　すてるなんて　(　　)。

(2) 彼女《かのじょ》の　絵《え》の　うまいのには　(　　)。

(3) (　　)目《め》で　にらみつける。

(4) 母《はは》の　病気《びょうき》が　(　　)で、急《いそ》いで　帰《かえ》る。

(5) ものごとは　(　　)と　しっぱいする。

ア　心配《しんぱい》
イ　こわい
ウ　あせる
エ　もったいない
オ　おどろいた

人《ひと》の　きもち

ひょうじょう

（　）に　あてはまる　より　よい　言葉《ことば》を　[　]から　えらんで、記号《きごう》で答《こた》えましょう。言葉《ことば》は、一回《いっかい》ずつしか　使《つか》えません。

(1) 家《いえ》に　帰《かえ》ると、祖母《そぼ》が（　　）して　むかえて　くれた。

(2) 赤《あか》ちゃんの（　　）は　かわいい。

(3) せっかく　買《か》ったのに（　　）本《ほん》だ。

(4) 妹《いもうと》は　かぜを　ひいて　いて（　　）が　わるい。

(5) 悲《かな》しくて（　　）を　流《なが》す。

ア　にこにこ
イ　えがお
ウ　つまらない
エ　かおいろ
オ　なみだ

人《ひと》の きもち ◇ あいさつ

次《つぎ》の 言葉《ことば》の 意味《いみ》を 下《した》から えらんで、●―●で むすびましょう。

⑴ おはよう ・

⑵ こんにちは ・

⑶ こんばんは ・

⑷ いらっしゃい ・

⑸ ただいま ・

・ア 人《ひと》を むかえる ときの あいさつ。

・イ 朝《あさ》、はじめて 会《あ》った ときの あいさつ。

・ウ 夜《よる》の あいさつ。

・エ 昼間《ひるま》の あいさつ。

・オ うちへ 帰《かえ》った ときの あいさつ。

人《ひと》の ようす ◆ せいかく

（　）に あてはまる より よい 言葉《ことば》を □ から えらんで、記号《きごう》で 答《こた》えましょう。言葉《ことば》は、一回《いっかい》ずつしか 使《つか》えません。

(1) （　　）な 人《ひと》は きらわれる。

(2) お金《かね》に （　　）。

(3) 一見《いっけん》 こわそうなのに、実《じつ》は （　　）。

(4) 弟《おとうと》は （　　）て 前向《まえむ》きな せいかくだ。

(5) いやがって いるのに、何度《なんど》も （　　）。

ア しつこい
イ いじわる
ウ 明《あか》るく
エ やさしい
オ 細《こま》かい

人《ひと》の ようす ◆ しぐさ

——の 意味《いみ》から、言葉《ことば》の 使《つか》い方《かた》が より 正《ただ》しい ほうに ○を つけましょう。

(1) ｛ア（　）近《ちか》くから／イ（　）遠《とお》くから｝ わざわざ 会《あ》いに 来《き》て くれた。

(2) はきはきして いて、とても 元気《げんき》が ｛ア（　）わるい／イ（　）いい｝。

(3) ｛ア（　）楽《たの》しい／イ（　）いやな｝ 遠足《えんそく》の 日《ひ》が 近《ちか》づき、うきうきして いる。

(4) ｛ア（　）老人《ろうじん》が／イ（　）元気《げんき》な 青年《せいねん》が｝ そろそろと 歩《ある》いて いる。

ものの ようす ◇ ひかく

（　）に あてはまる より よい 言葉《ことば》を □ から えらんで、記号《きごう》で 答《こた》えましょう。言葉《ことば》は、一回《いっかい》ずつしか 使《つか》えません。

(1) この 荷物《にもつ》は（　　）。

(2) ぼくの 部屋《へや》は（　　）。

(3) うでの 力《ちから》が（　　）。

(4) ツルの 足《あし》は（　　）。

(5) この 池《いけ》は（　　）。

(6) ゾウの はなは（　　）。

ア 細《ほそ》い　イ 長《なが》い　ウ 重《おも》い　エ 広《ひろ》い　オ 強《つよ》い　カ 深《ふか》い

ものの ようす ⑦ ていど

（　）に あてはまる より よい 言葉《ことば》を [ ] から えらんで、記号《きごう》で 答《こた》えましょう。言葉《ことば》は、一回《いっかい》ずつしか 使《つか》えません。

(1) この 本《ほん》は（　　）おもしろく ない。

(2) リンゴを 食《た》べきれないほど、（　　）もらった。

(3) ふでに（　　）すみを ふくませる。

(4) 「（　　）待《ま》って 下《くだ》さい。」

(5) ぼくの おやつを（　　）弟《おとうと》に あげる。

ア ちょっと
イ どっさり
ウ そっくり
エ ちっとも
オ たっぷり

もののようす ◆ 火《ひ》

次《つぎ》の 言葉《ことば》の 意味《いみ》を 下《した》から えらんで、●—● で むすびましょう。

(1)
① ろうそく ・　　・ア こすって 火《ひ》を 出《だ》す もの。
② マッチ ・　　・イ 糸《いと》や こよりを しんに して、ろうで かためた、明《あ》かりを ともす もの。

(2)
① けむり ・　　・ア たてものなどが もえる こと。
② 火事《かじ》 ・　　・イ ものが もえる ときに 出《で》る、空気中《くうきちゅう》に うかぶ もの。

ものの ようす ◇ 光《ひかり》

（　）に あてはまる より よい 言葉《ことば》を □ から えらんで、記号《きごう》で 答《こた》えましょう。言葉《ことば》は、一回《いっかい》ずつしか 使《つか》えません。

(1) 部屋《へや》に（　　）を つける。

(2) 日《ひ》が くれて 道《みち》が（　　）。

(3) 木《き》の（　　）で 一休《ひとやす》み する。

(4) 朝日《あさひ》が（　　）。

(5) 春《はる》の（　　）が 部屋《へや》 いっぱいに 入《はい》りこむ。

ア かげ
イ 暗《くら》い
ウ かがやく
エ 日《ひ》ざし
オ 明《あ》かり

家《いえ》の 中《なか》 ◇

着《き》る

次《つぎ》の 言葉《ことば》の 意味《いみ》を 下《した》から えらんで、●―● で むすびましょう。

(1)

①着《き》る ・　　・ア 衣服《いふく》を 身《み》に つける。

②はく ・　　・イ ズボンなどを 足《あし》から 通《とお》して 身《み》に つける。

(2)

①ぬぐ ・　　・ア 身《み》に つけて いる ものを 取《と》りさる。

②ぬげる ・　　・イ 身《み》に つけて いた ものが しぜんに はなれ落《お》ちる。

家《いえ》の 中《なか》 ◇ 服《ふく》

言葉《ことば》の 使《つか》い方《かた》が より 正《ただ》しい ほうに ○を つけましょう。

(1) {ア( )着物《きもの》 イ( )洋服《ようふく》} は 日本《にっぽん》の 民族衣《みんぞくい》しょうです。

(2) {ア( )ズボン イ( )シャツ} を はきます。

(3) 冬《ふゆ》に {ア( )パジャマ イ( )セーター} を 着《き》ると あたたかい。

(4) 今日《きょう》は 雨《あめ》ふりなので、{ア( )長《なが》ぐつ イ( )くつ} を はきます。

家《いえ》の 中《なか》

服《ふく》の 部分《ぶぶん》

次《つぎ》の 言葉《ことば》の 意味《いみ》を 下《した》から えらんで、•——•で むすびましょう。

(1)
① そで ・　　・ア 衣服《いふく》の 首《くび》の まわりの 部分《ぶぶん》。
② えり ・　　・イ 衣服《いふく》の どうに ついて いて、両《りょう》うでを 通《とお》す 部分《ぶぶん》。

(2)
① ポケット ・　　・ア 洋服《ようふく》に ついて いる 物入《ものい》れ。
② ボタン ・　　・イ 洋服《ようふく》などの 重《かさ》なる 部分《ぶぶん》に つけて、とめる もの。

家《いえ》の 中《なか》

服《ふく》を 作《つく》る

次《つぎ》の 言葉《ことば》の 意味《いみ》を 下《した》から えらんで、●──●で むすびましょう。

(1)
①糸《いと》 ・　　・ア 糸《いと》を おって 作《つく》った もの。きれ。
②布《ぬの》 ・　　・イ 綿《めん》や 麻《あさ》などの せんいを、細《ほそ》く より合《あ》わせて のばした もの。

(2)
①はり ・　　・ア 布《ぬの》などを ぬう きかい。
②ミシン ・　　・イ 布地《ぬのじ》などを 糸《いと》で ぬう ための、細《ほそ》くて 先《さき》の とがった もの。

家《いえ》の 中《なか》

身《み》に つける

( )に あてはまる より よい 言葉《ことば》を [ ]から えらんで、記号《きごう》で 答《こた》えましょう。言葉《ことば》は、一回《いっかい》ずつしか 使《つか》えません。

(1) 祖母《そぼ》が あんで くれた ( )は、指先《ゆびさき》まで あたたかい。

(2) 雨《あめ》が ふりそうなので、父《ちち》は ( )を 持《も》って 出《で》かけた。

(3) ( )を かけると よく 見《み》える ように なります。

(4) 日《ひ》ざしが 強《つよ》いので、( )を かぶって 出《で》かける。

ア ぼうし　イ めがね　ウ 手《て》ぶくろ　エ かさ

家《いえ》の 中《なか》

◇ 食《た》べる

言葉《ことば》の 使《つか》い方《かた》が より 正《ただ》しい ほうに ○を つけましょう。

(1) 夜《よる》の 六時《ろくじ》なので、そろそろ ｛ア（　）朝食《ちょうしょく》　イ（　）夕食《ゆうしょく》｝の 時間《じかん》です。

(2) けんこうの ためにも、よく ｛ア（　）かじって　イ（　）かんで｝ 食《た》べよう。

(3) ｛ア（　）食後《しょくご》　イ（　）食事《しょくじ》｝に、デザートを 食《た》べる。

(4) 道草《みちくさ》を ｛ア（　）食《く》って　イ（　）食《た》べて｝ いないで、さっさと 帰《かえ》りましょう。

家《いえ》の 中《なか》 ◇ 食《た》べもの

次《つぎ》の 言葉《ことば》に あてはまる なかまを □ から えらんで、記号《きごう》で 答《こた》えましょう。それぞれ 四《よっ》つずつ あります。

(1) くだもの （　）（　）（　）（　）

(2) やさい （　）（　）（　）（　）

(3) おかし （　）（　）（　）（　）

ア ネギ　イ カキ　ウ ブドウ　エ ケーキ　オ キュウリ　カ チョコレート
キ モモ　ク ナス　ケ レタス　コ リンゴ　サ せんべい　シ キャンデー

味《あじ》を 表《あらわ》す

（　）に あてはまる より よい 言葉《ことば》を ［　］から えらんで、記号《きごう》で 答《こた》えましょう。言葉《ことば》は、一回《いっかい》ずつしか 使《つか》えません。

(1) レモンは（　　）。

(2) キムチは（　　）ので、妹《いもうと》は 食《た》べられません。

(3) しおが 多《おお》すぎて、やさいいための 味《あじ》が（　　）。

(4) ゴーヤは（　　）ので にがてです。

ア にがい　イ すっぱい　ウ しょっぱい　エ からい

家《いえ》の　中《なか》

たてもの

次《つぎ》の　言葉《ことば》の　意味《いみ》を　下《した》から　えらんで、•—•で　むすびましょう。

(1)

① 天《てん》じょう ・　　・ア 屋根《やね》の　上《うえ》。

② 屋上《おくじょう》 ・　　・イ 部屋《へや》の　上部《じょうぶ》に　板《いた》などを　はって　ある　面《めん》。

(2)

① はしご ・　　・ア のぼりおりする　ための　段《だん》の　ある　通路《つうろ》。

② 階段《かいだん》 ・　　・イ かべなどに　よせかけたり、つるしたり　して、高《たか》い　ところに　のぼる　道具《どうぐ》。

家《いえ》の 中《なか》 ◆ 家具《かぐ》

言葉《ことば》の 使《つか》い方《かた》が より 正《ただ》しい ほうに ○を つけましょう。

(1) 母《はは》に、「
ア（ ）テーブル
イ（ ）いす
に すわりなさい」と しかられた。

(2) どろぼうが 入《はい》らないように、
ア（ ）しょうじ
イ（ ）雨戸《あまど》
を しめる。

(3) 和室《わしつ》の ゆかは
ア（ ）じゅうたん
イ（ ）たたみ
です。

(4) 朝《あさ》 起《お》きたら ふとんを
ア（ ）おし入《い》れ
イ（ ）ベッド
に しまいます。

家《いえ》の 中《なか》 ◆ 台所《だいどころ》

言葉《ことば》の 使《つか》い方《かた》が より 正《ただ》しい ほうに ○を つけましょう。

(1) { ア（　）やかん / イ（　）ざる } で 湯《ゆ》を わかし、お茶《ちゃ》を のんだ。

(2) { ア（　）お玉《たま》 / イ（　）茶《ちゃ》わん } に ごはんを よそう。

(3) { ア（　）びん / イ（　）なべ } で にものを 作《つく》る。

(4) 洋食《ようしょく》では、ナイフと { ア（　）ほうちょう / イ（　）フォーク } を 使《つか》います。

家《いえ》の 中《なか》 ◎ ## ふろ場《ば》

次《つぎ》の 言葉《ことば》の 意味《いみ》を 下《した》から えらんで、●—●で むすびましょう。

(1)
① じゃぐち ・　・ア 水《みず》を くばる ための せつび。
② 水道《すいどう》 ・　・イ 水道《すいどう》かんの 先《さき》に 取《と》りつけた、水《みず》を 出《だ》す 金具《かなぐ》。

(2)
① シャワー ・　・ア ゴムや ビニールなどの 細長《ほそなが》い くだ。
② ホース ・　・イ じょうろの ような 口《くち》から、水《みず》や 湯《ゆ》を 出《だ》す しかけ。

家《いえ》の 中《なか》 ◇ ねる

（ ）に あてはまる より よい 言葉《ことば》を [ ] から えらんで、記号《きごう》で 答《こた》えましょう。言葉《ことば》は、一回《いっかい》ずつしか 使《つか》えません。

⑴ 夜《よ》ふかしを したので、じゅぎょう中《ちゅう》（ ）を して しまった。

⑵ 妹《いもうと》が（ ）と 寝息《ねいき》を 立《た》てて いる。

⑶ 日《ひ》だまりで（ ）する。

⑷ 明日《あした》は 当番《とうばん》なので、（ ）しない ように 早《はや》く ねよう。

ア うとうと　イ いねむり　ウ ねぼう　エ すやすや

家《いえ》の 中《なか》 ◆

そうじ

（　）に あてはまる より よい 言葉《ことば》を ［　］から えらんで、記号《きごう》で 答《こた》えましょう。言葉《ことば》は、一回《いっかい》ずつしか 使《つか》えません。

(1) まどの くもりを ぞうきんで （　　）。

(2) 廊下《ろうか》の ほこりを ほうきで （　　）。

(3) 上《うわ》ばきを 石《せっ》けんで （　　）。

(4) たなの 上《うえ》の （　　）を はらう。

(5) かべの （　　）を 落《お》とす。

ア よごれ
イ あらう
ウ ふく
エ ほこり
オ はく

学校《がっこう》 ◆ **教室《きょうしつ》**

正《ただ》しい ほうの 言葉《ことば》に ○を つけましょう。

(1)
ア（　）たいく
イ（　）たいいく

(2)
ア（　）てつぼお
イ（　）てつぼう

(3)
ア（　）ずこう
イ（　）ずこお

(4)
ア（　）うんどうじょう
イ（　）うんどおじょお

(5)
ア（　）とうばん
イ（　）とおばん

(6)
ア（　）はつぴょう
イ（　）はっぴょう

(7)
ア（　）とけい
イ（　）とけえ

(8)
ア（　）しょうがくこう
イ（　）しょうがっこう

学校《がっこう》 ◎ 学《まな》ぶ

（　）に　あてはまる　より　よい　言葉《ことば》を　[　]から　えらんで、記号《きごう》で答《こた》えましょう。言葉《ことば》は、一回《いっかい》ずつしか　使《つか》えません。

(1) 図鑑《ずかん》で　アサガオの　育《そだ》て方《かた》に　ついて（　）。

(2) 九九《くく》を　一生《いっしょう》けんめい（　）。

(3) 問題《もんだい》の　答《こた》えが　正《ただ》しいか　どうか（　）。

(4) 今日《きょう》　習《なら》った　ところを（　）する。

(5) 父《ちち》に　勉強《べんきょう》を（　）。

ア　ふくしゅう
イ　たしかめる
ウ　調《しら》べる
エ　教《おそ》わる
オ　おぼえる

学校《がっこう》 ◎ 書《か》く

（　）に　あてはまる　より　よい　言葉《ことば》を　[　]から　えらんで、記号《きごう》で　答《こた》えましょう。言葉《ことば》は、一回《いっかい》ずつしか　使《つか》えません。

(1) 漢字《かんじ》には　画数《かくすう》や　（　）が　ある。

(2) ノートを　かりて　（　）。

(3) 先生《せんせい》が　（　）に　文《ぶん》を　書《か》く。

(4) 夏休《なつやす》みの　宿題《しゅくだい》の　作文《さくぶん》に、（　）を　つける。

(5) 字《じ》の　きれいな　（　）を　習《なら》う。

ア 題《だい》
イ 黒板《こくばん》
ウ 書《か》き方《かた》
エ 書《か》きじゅん
オ 写《うつ》す

学校《がっこう》 ◆ 数《かず》と りょう

(　)に あてはまる より よい 言葉《ことば》を [　] から えらんで、記号《きごう》で 答《こた》えましょう。言葉《ことば》は、一回《いっかい》ずつしか 使《つか》えません。

(1) 道《みち》の (　　)が せまいので、人《ひと》が すれちがうのが やっとです。

(2) おり紙《がみ》を 十《じゅう》(　　)ずつ 配《くば》る。

(3) ぼくの クラスの 人数《にんずう》は、三十五《さんじゅうご》(　　)です。

(4) この バケツに 入《はい》って いる 水《みず》の (　　)は 三《さん》リットルです。

ア まい　イ 人《にん》　ウ はば　エ りょう

学校《がっこう》 ◇ **音楽《おんがく》**

上《うえ》と 下《した》の 言葉《ことば》が 正《ただ》しく つながる ように、•―• で むすびましょう。

(1) みんなの 歌声《うたごえ》が ・　・ア 合唱《がっしょう》する。

(2) クラスぜんいんで 童歌《わらべうた》を ・　・イ ひびく。

(3) 先生《せんせい》が ピアノで ・　・ウ えんそうする。

(4) ブラスバンドが 校歌《こうか》を ・　・エ ばんそうする。

(5) チャイムが ・　・オ 鳴《な》る。

学校《がっこう》 ◆ スポーツ

（　）に　あてはまる　よりよい　言葉《ことば》を　[　]から　えらんで、記号《きごう》で　答《こた》えましょう。言葉《ことば》は、一回《いっかい》ずつしか　使《つか》えません。

(1) プールに　行《い》って、（　　）の　とっくんを　した。

(2) （　　）は　一《いち》チーム　九人《きゅうにん》で　する　スポーツだ。

(3) 運動《うんどう》する　前《まえ》に　じゅんび（　　）を　しましょう。

(4) 運動会《うんどうかい》の　最後《さいご》は、（　　）で　もり上《あ》がる。

(5) 長《なが》い　きょりを　走《はし》る　（　　）は　にがてです。

ア　野球《やきゅう》
イ　水泳《すいえい》
ウ　体操《たいそう》
エ　リレー
オ　マラソン

学校《がっこう》 ◇ 読書《どくしょ》

次《つぎ》の 言葉《ことば》の 意味《いみ》を 下《した》から えらんで、●―●で むすびましょう。

(1)
① 絵本《えほん》 ・　　・ア 子《こ》どもの ために 作《つく》られた 物語《ものがたり》。
② 童話《どうわ》 ・　　・イ 主《おも》に 絵《え》で かかれた 本《ほん》。

(2)
① 図鑑《ずかん》 ・　　・ア ある人《ひと》の 一生《いっしょう》の ことを 書《か》いた 本《ほん》。
② 伝記《でんき》 ・　　・イ 鳥《とり》・魚《さかな》・昆虫《こんちゅう》などを 図《ず》や 写真《しゃしん》で わかりやすく 説明《せつめい》した 本《ほん》。

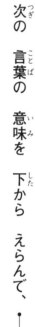

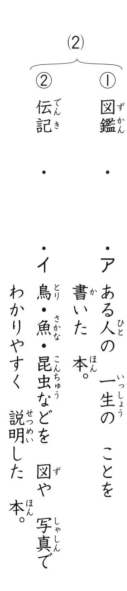

世《よ》の中《なか》◇家《いえ》の近所《きんじょ》

次《つぎ》の 言葉《ことば》の 意味《いみ》を 下《した》から えらんで、●―●で むすびましょう。

(1)

① 公園《こうえん》 ・　　・ア 使《つか》わずに 空《あ》いて いる 土地《とち》。たてものの ない 土地《とち》。

② 空《あ》き地《ち》 ・　　・イ 多《おお》くの 人《ひと》が 休《やす》んだり 遊《あそ》んだり する ために つくられた 広《ひろ》い 庭《にわ》。

(2)

① 寺《てら》 ・　　・ア 日本《にっぽん》の かみさまを まつって ある ところ。また その たてもの。

② 神社《じんじゃ》 ・　　・イ ぶつぞうを まつり、おぼうさんが しゅぎょうなどを する ところ。

世《よ》の中《なか》◇

病気《びょうき》・けんこう

（　）に　あてはまる　より　よい　言葉《ことば》を［　］から　えらんで、記号《きごう》で答《こた》えましょう。言葉《ことば》は、一回《いっかい》ずつしか　使《つか》えません。

⑴ かぜを　ひいて　しまい　（　　）が　悪《わる》い。

⑵ かぜを　ひいて　しまったので　学校《がっこう》を　（　　）。

⑶ 明日《あした》に　そなえて　体《からだ》を　（　　）。

⑷ となりの　家《いえ》の　おじさんは　いつも　（　　）です。

⑸ バランスよく　（　　）を　とる。

ア 休《やす》める
イ 休《やす》む
ウ 具合《ぐあい》
エ えいよう
オ 元気《げんき》

世《よ》の中《なか》

ゆうびんきょく

（　）に　あてはまる　より　よい　言葉《ことば》を　[　]から　えらんで、記号《きごう》で答《こた》えましょう。言葉《ことば》は、一回《いっかい》ずつしか　使《つか》えません。

(1) はがきを　（　　）に　入《い》れる。

(2) 遠《とお》くに　引《ひ》っこした　友《とも》だちから　（　　）が　とどいた。

(3) （　　）を　はりわすれると　手紙《てがみ》は　とどきません。

(4) とどけ先《さき》の　（　　）を　書《か》きわすれると、手紙《てがみ》は　とどきません。

ア　切手《きって》　イ　手紙《てがみ》　ウ　ポスト　エ　住所《じゅうしょ》

世《よ》の中《なか》 ◇ 伝《つた》える

上《うえ》と 下《した》の 言葉《ことば》が 正《ただ》しく つながる ように、•—•で むすびましょう。

(1) 悪《わる》い うわさが、あっと いう 間《ま》に • •ア 合図《あいず》を する。

(2) 遠《とお》くに 住《す》む 祖母《そぼ》の 声《こえ》が 聞《き》きたくて • •イ 伝《つた》わる。

(3) ふえを ふいて スタートの • •ウ 電話《でんわ》する。

(4) この 物語《ものがたり》の 感動《かんどう》を みんなに • •エ ニュースだ。

(5) 子犬《こいぬ》の 誕生《たんじょう》は、この 冬《ふゆ》 一番《いちばん》の • •オ 伝《つた》える。

世《よ》の中《なか》 ◇ お店《みせ》

(　)に あてはまる より よい 言葉《ことば》を □ から えらんで、記号《きごう》で 答《こた》えましょう。言葉《ことば》は、一回《いっかい》ずつしか 使《つか》えません。

(1) ジャガイモと ナスと バナナを 買《か》いに (　　)さんに 行《い》く。

(2) ぼくの すきな チョコレートは (　　)て いた。

(3) 花屋《はなや》さんは 花《はな》を (　　) 店《みせ》。

(4) 「いくらですか」と (　　)を 聞《き》く。

(5) 品物《しなもの》と 引《ひ》きかえに、(　　)を しはらう。

ア 売《う》る
イ 売《う》り切《き》れ
ウ 八百屋《やおや》
エ ねだん
オ 代金《だいきん》

世《よ》の中《なか》

おくりもの

次《つぎ》の 言葉《ことば》の 意味《いみ》を 下《した》から えらんで、●―● で むすびましょう。

(1)

① おくる ・　　・ア 人《ひと》から あたえられる。

② もらう ・　　・イ 人《ひと》に ものを あげる。

(2)

① おくりもの ・　　・ア 人《ひと》に ものを あげる こと。また、その 品物《しなもの》。

② 品物《しなもの》 ・　　・イ 人《ひと》が 使《つか》ったり 食《た》べたり する もの。とくに、売《う》ったり 買《か》ったり される もの。

世《よ》の中《なか》◇ 助《たす》ける

上《うえ》と 下《した》の 言葉《ことば》が 正《ただ》しく つながる ように、●——●で むすびましょう。

(1) おぼれて いる 人《ひと》を ・　・ア 手《て》伝《つだ》う。

(2) 赤《あか》ちゃんの 命《いのち》が ・　・イ 助《たす》ける。

(3) そうじを ・　・ウ すくわれた。

(4) 人手《ひとで》が 足《た》りないので ・　・エ かす。

(5) こまっている 人《ひと》に 手《て》を ・　・オ おうえんを たのんだ。

世《よ》の中《なか》◇

乗《の》りもの

（　）に　あてはまる　より　よい　言葉《ことば》を　[　]　から　えらんで、記号《きごう》で　答《こた》えましょう。言葉《ことば》は、一回《いっかい》ずつしか　使《つか》えません。

(1) ニューヨーク行《い》きの　（　）が　空《そら》に　とび立《た》った。

(2) 左右《さゆう》を　よく　見《み》て　（　）を　わたる。

(3) （　）が　駅《えき》に　とまる。

(4) あぶないので、（　）を　横切《よこぎ》っては　いけません。

(5) 車《くるま》の　（　）を　かける。

ア　ふみ切《き》り
イ　エンジン
ウ　線路《せんろ》
エ　電車《でんしゃ》
オ　ひこうき

世《よ》の中《なか》 ◆ 交通《こうつう》

次《つぎ》の 言葉《ことば》の 意味《いみ》を 下《した》から えらんで、●―●で むすびましょう。

(1) 車道《しゃどう》・　　・ア 山《やま》の 中《なか》の 道《みち》。山《やま》に ある 道《みち》。

(2) 歩道《ほどう》・　　・イ 人《ひと》だけが 歩《ある》く ように 作《つく》って ある 道《みち》。

(3) 山道《やまみち》・　　・ウ 坂《さか》に なって いる 道《みち》。

(4) 坂道《さかみち》・　　・エ 車《くるま》が 通《とお》る 道《みち》。

(5) 道路《どうろ》・　　・オ 人《ひと》や 乗《の》りものが 通《とお》る 道《みち》。

土《と》地《ち》・地《ち》形《けい》

次《つぎ》の　言葉《ことば》の　意味《いみ》を　下《した》から　えらんで、•——•で　むすびましょう。

(1)

① 畑《はたけ》　・　　・ア　イネを　うえて　育《そだ》てる　土《と》地《ち》。

② 田《た》　・　　・イ　作物《さくもつ》を　作《つく》る　土《と》地《ち》。水《みず》は　入《い》れない。

(2)

① 谷《たに》　・　　・ア　山《やま》の　下《した》の　ほう。山《やま》の　すそ。

② ふもと　・　　・イ　陸地《りくち》に　あって　水《みず》の　たまって　いる　ところ。池《いけ》や　沼《ぬま》よりも　大《おお》きくて　深《ふか》い。

③ 湖《みずうみ》　・　　・ウ　山《やま》と　山《やま》の　間《あいだ》の　くぼんだ　ところ。

世《よ》の中《なか》◎人《ひと》

（　）に　あてはまる　より　よい　言葉《ことば》を［　］から　えらんで、記号《きごう》で答《こた》えましょう。言葉《ことば》は、一回《いっかい》ずつしか　使《つか》えません。

(1) ご用《よう》は　お店《みせ》の（　　）に　言《い》って　下《くだ》さい。

(2) ぼくの　友人《ゆうじん》は　金魚《きんぎょ》すくいの（　　）だ。

(3) すしを（　　）注文《ちゅうもん》する。

(4) 本《ほん》の　登場《とうじょう》（　　）に　なりきる。

(5) 多《おお》くの（　　）が　かつやくして　いる。

ア　人物《じんぶつ》
イ　者《もの》
ウ　若者《わかもの》
エ　名人《めいじん》
オ　一人前《いちにんまえ》

世《よ》の中《なか》 ◇ 家《か》族《ぞく》(1)

(　)に　あてはまる　より　よい　言葉《ことば》を　[　]から　えらんで、記号《きごう》で
答《こた》えましょう。言葉《ことば》は、一回《いっかい》ずつしか　使《つか》えません。

(1) お父《とう》さんと　お母《かあ》さんは（　　）です。

(2) ぼくと（　　）は　兄弟《きょうだい》です。

(3)（　　）が　赤《あか》ちゃんを　うみました。

(4) おじいちゃんに　とって　ぼくは（　　）です。

(5) ぼくと　お母《かあ》さんは（　　）です。

ア　兄《にい》さん
イ　姉《ねえ》さん
ウ　親子《おやこ》
エ　ふうふ
オ　まご

世《よ》の中《なか》 ◇

家族《かぞく》(2)

――の 自分《じぶん》の 家族《かぞく》を、よその 人《ひと》に しょうかいする 言《い》い方《かた》に 言《い》いかえて、・――・で むすびましょう。

(1) ぼくと お兄《にい》ちゃんは 年子《としご》です。 ・　　・ア 父《ちち》

(2) お姉《ねえ》ちゃんが 作《つく》る おかしは おいしい。 ・　　・イ 母《はは》

(3) お父《とう》さんは 大《おお》きくて、とても 強《つよ》い。 ・　　・ウ 父母《ふぼ》

(4) お母《かあ》さんは やさしい。 ・　　・エ 兄《あに》

(5) お父《とう》さんと お母《かあ》さんに 手紙《てがみ》を 書《か》きました。 ・　　・オ 姉《あね》

世《よ》の中《なか》◆友《とも》だち

（　）に　あてはまる　より　よい　言葉《ことば》を　□　から　えらんで、記号《きごう》で　答《こた》えましょう。言葉《ことば》は、一回《いっかい》ずつしか　使《つか》えません。

(1) 明日《あした》　会《あ》う（　　）を　する。

(2) 二人《ふたり》だけの（　　）。

(3) いじわるして（　　）ね。

(4) サッカーの　すきな（　　）が　集《あつ》まる。

(5) ぼくたちは（　　）五人組《ごにんぐみ》です。

ア　なかま
イ　なかよし
ウ　やくそく
エ　ひみつ
オ　ごめん

世《よ》の中《なか》 ◆ 世《せ》代《だい》

（　）に　あてはまる　より　よい　言葉《ことば》を［　］から　えらんで、記号《きごう》で答《こた》えましょう。言葉《ことば》は、一回《いっかい》ずつしか　使《つか》えません。

(1)（　　）を　よめに　出《だ》す　父《ちち》は　とても　さびしそうだ。

(2)父《ちち》は（　　）時代《じだい》の　話《はなし》を　なつかしそうに　する。

(3)同《おな》い年《どし》だが、木村《きむら》さんは　ぼくより　ずっと（　　）だ。

(4)祖父《そふ》は（　　）あつかいすると　おこる。

ア 大人《おとな》　イ 少年《しょうねん》　ウ むすめ　エ 年《とし》より

世《よ》の中《なか》 はたらく 人《ひと》

次《つぎ》の 言葉《ことば》の 意味《いみ》を 下《した》から えらんで、•——•で むすびましょう。

(1) 先生《せんせい》 •　　•ア 家《いえ》を たてる 仕事《しごと》を する 人《ひと》。

(2) 医者《いしゃ》 •　　•イ 学校《がっこう》などで 学問《がくもん》や ぎじゅつなどを 教《おし》える 人《ひと》。

(3) かんごし •　　•ウ 病人《びょうにん》の 世話《せわ》や、医者《いしゃ》の 手助《てだす》けなどを する 人《ひと》。

(4) 歌手《かしゅ》 •　　•エ 病人《びょうにん》を しんさつし、病気《びょうき》や けがを なおす しょくぎょうの 人《ひと》。

(5) 大工《だいく》 •　　•オ 歌《うた》を 歌《うた》う ことを 仕事《しごと》と する 人《ひと》。

世《よ》の中《なか》 リーダー

次《つぎ》の 言葉《ことば》の 意味《いみ》を 下《した》から えらんで、●―●で むすびましょう。

(1)
①王《おう》 ・　　・ア その 会《かい》を 代表《だいひょう》する 人《ひと》。
②会長《かいちょう》 ・　　・イ 国家《こっか》の 最高《さいこう》の 地位《ちい》の 人《ひと》。

(2)
①キャプテン ・　　・ア スポーツの チームの 主将《しゅしょう》。
②代表《だいひょう》 ・　　・イ 大勢《おおぜい》の 人《ひと》に 代《か》わって 考《かんが》えを のべたり、ものごとを 決《き》めたり する 人《ひと》。

世《よ》の中《なか》 ◆ 交流《こうりゅう》

（　）に　あてはまる　より　よい　言葉《ことば》を［　］から　えらんで、記号《きごう》で　答《こた》えましょう。言葉《ことば》は、一回《いっかい》ずつしか　使《つか》えません。

(1) 助《たす》けを（　　）。

(2) パーティーに　客《きゃく》を（　　）。

(3) アメリカから　来《き》た　友人《ゆうじん》と（　　）を　かわす。

(4) 新《あたら》しい　先生《せんせい》を（　　）された。

(5) 父《ちち》は　多《おお》くの　会社《かいしゃ》に（　　）して　いる。

ア　しょうかい
イ　よぶ
ウ　まねく
エ　握手《あくしゅ》
オ　かんけい

世《よ》の中《なか》 ◆ 遊《あそ》び

（　）に あてはまる より よい 言葉《ことば》を □ から えらんで、記号《きごう》で 答《こた》えましょう。言葉《ことば》は、一回《いっかい》ずつしか 使《つか》えません。

(1) 打《う》ち上《あ》げられた（　　）は、とても きれいだった。

(2) 正月《しょうがつ》に（　　）を 回《まわ》して 遊《あそ》んだ。

(3) よい風《かぜ》が ふいて いたので、（　　）を あげた。

(4) 妹《いもうと》は（　　）遊《あそ》びが 大《だい》すきだ。

(5) 弟《おとうと》に（　　）を 出《だ》す。

ア こま
イ 凧《たこ》
ウ 人形《にんぎょう》
エ クイズ
オ 花火《はなび》

世《よ》の中《なか》◇位《い》置《ち》

次《つぎ》の 言葉《ことば》の 意味《いみ》を 下《した》から えらんで、•——•で むすびましょう。

(1) 正面《しょうめん》 ・　　・ア あと。うらがわ。かげ。

(2) 近《ちか》い ・　　・イ ある 場所《ばしょ》の まわり。

(3) うしろ ・　　・ウ 真向《まむ》かい。まっすぐ 前《まえ》。

(4) あたり ・　　・エ かこまれた ところの はしの ほう。

(5) すみ ・　　・オ 時間《じかん》や きょりが 短《みじか》い。

世《よ》の中《なか》 ◇ 全《ぜん》体《たい》と 部《ぶ》分《ぶん》

（　）に あてはまる よりよい 言葉《ことば》を ［　］から えらんで、記号《きごう》で 答《こた》えましょう。言葉《ことば》は、一回《いっかい》ずつしか 使《つか》えません。

(1) 雪《ゆき》が とけて、（　　） 春《はる》に なった。

(2) 朝食《ちょうしょく》は ごはんでは なく、（　　） パンに して いる。

(3) キノコが （　　） 食《た》べられるとは かぎらない。

(4) リンゴを （　　）に 切《き》って、妹《いもうと》と 分《わ》ける。

ア 半分《はんぶん》　イ 全部《ぜんぶ》　ウ 主《おも》に　エ すっかり

世《よ》の中《なか》 ◇ 始《はじ》まりと 終《お》わり

（　）に あてはまる より よい 言葉《ことば》を [　] から えらんで、記号《きごう》で 答《こた》えましょう。言葉《ことば》は、一回《いっかい》ずつしか 使《つか》えません。

(1) 店《みせ》の 営業《えいぎょう》は 七時《しちじ》で （　　）です。

(2) がんこで、言《い》い出《だ》したが （　　）、あとへ 引《ひ》かない。

(3) 生《う》まれて （　　） ふじさんを 見《み》た。

(4) 運動会《うんどうかい》は 朝《あさ》の 八時《はちじ》から （　　）ます。

(5) 日本《にほん》で （　　）の 鉄道《てつどう》。

ア 最初《さいしょ》 イ 最後《さいご》 ウ はじめて エ 終《お》わり オ はじまり

自然《しぜん》 ◇ きせつ

次《つぎ》の 言葉《ことば》の 意味《いみ》を 下《した》から えらんで、●―● で むすびましょう。

(1) 夏《なつ》 ・

(2) 秋《あき》 ・

(3) ひな祭《まつ》り ・

(4) 元日《がんじつ》 ・

(5) 元旦《がんたん》 ・

・ア 四季《しき》の 一《ひと》つ。六《ろく》・七《しち》・八月《はちがつ》ごろ。

・イ 一月一日《いちがつついたち》の 朝《あさ》。

・ウ 四季《しき》の 一《ひと》つ。九《きゅう》・十《じゅう》・十一月《じゅういちがつ》ごろ。

・エ 一年《いちねん》の はじめの 日《ひ》。一月一日《いちがつついたち》。

・オ 三月三日《さんがつみっか》の 桃《もも》の 節句《せっく》に、女《おんな》の子《こ》の お祝《いわ》いを する 祭《まつ》り。

自然《しぜん》 ◇

方角《ほうがく》

次《つぎ》の 言葉《ことば》の 意味《いみ》を 下《した》から えらんで、•——•で むすびましょう。

(1) 北《きた》 • •ア 日《ひ》が のぼる 方角《ほうがく》。

(2) 西《にし》 • •イ 日《ひ》が しずむ 方角《ほうがく》。

(3) 南《みなみ》 • •ウ 向《む》いて いる 方角《ほうがく》。

(4) 東《ひがし》 • •エ 日《ひ》の 出《で》る 方角《ほうがく》に 向《む》かって、右手《みぎて》の 方角《ほうがく》。

(5) 向《む》き • •オ 日《ひ》の 出《で》る 方角《ほうがく》に 向《む》かって、左手《ひだりて》の 方角《ほうがく》。

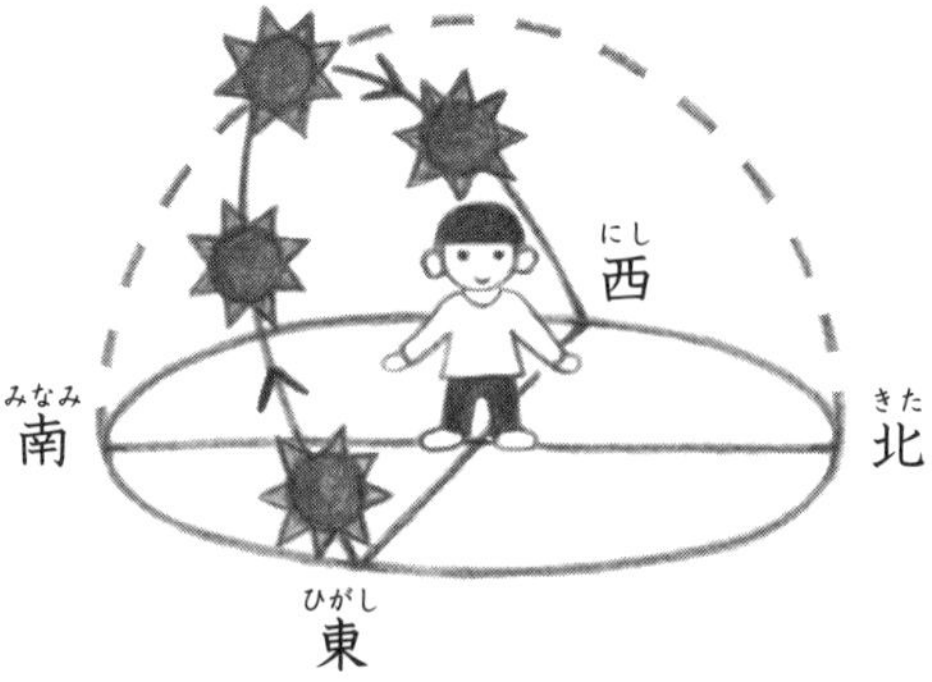

自然《しぜん》 ◆ 色《いろ》

次《つぎ》の 言葉《ことば》と 同《おな》じ 意味《いみ》の 言葉《ことば》を □ から えらんで、記号《きごう》で 答《こた》えましょう。

(1) 黒《くろ》（　　）

(2) 白《しろ》（　　）

(3) 赤《あか》（　　）

(4) 青《あお》（　　）

(5) 緑《みどり》（　　）

(6) 黄《き》色《いろ》（　　）

ア レッド　イ イエロー　ウ グリーン　エ ブルー　オ ホワイト　カ ブラック

自然《しぜん》 形《かたち》

（　）に あてはまる より よい 言葉《ことば》を □ から えらんで、記号《きごう》で 答《こた》えましょう。言葉《ことば》は、一回《いっかい》ずつしか 使《つか》えません。

(1) はりの 先《さき》は（　　）いる。

(2)（　　）に ひもを 通《とお》す。

(3) 雪《ゆき》を（　　）投《な》げる。

(4) 紙《かみ》を（　　）に 切《き》る。

(5) みんなで 手《て》を つないで（　　）を 作《つく》る。

ア 丸《まる》めて
イ とがって
ウ 三角《さんかく》
エ 円《えん》
オ あな

自然《しぜん》

天気《てんき》

次《つぎ》の 言葉《ことば》の 意味《いみ》を 下《した》から えらんで、●——●で むすびましょう。

⑴ 晴天《せいてん》 ・　　・ア 空中《くうちゅう》で 電気《でんき》が ながれた ときに 強《つよ》い 光《ひかり》と 音《おと》を 出《だ》すもの。

⑵ ふぶき ・　　・イ よく 晴《は》れた 空《そら》。

⑶ あらし ・　　・ウ はげしく ふる 雨《あめ》。

⑷ 大雨《おおあめ》 ・　　・エ 強《つよ》い 風《かぜ》と いっしょに ふる 雪《ゆき》。

⑸ かみなり ・　　・オ はげしい 風《かぜ》。または 雨《あめ》の まじった 強《つよ》い 風《かぜ》。

自然《しぜん》

天体《てんたい》

次《つぎ》の 言葉《ことば》の 意味《いみ》を 下《した》から えらんで、•——•で むすびましょう。

(1) 朝日《あさひ》 •
(2) 夕日《ゆうひ》 •
(3) 星《ほし》 •
(4) 地球《ちきゅう》 •
(5) うちゅう •

• ア わたしたちが 住《す》んで いる 星《ほし》。
• イ 朝《あさ》の 太陽《たいよう》。また、その 光《ひかり》。
• ウ 夕方《ゆうがた》の 太陽《たいよう》。また、その 光《ひかり》。
• エ 夜《よる》、空《そら》に 小《ちい》さく かがやいて 見《み》える もの。
• オ 太陽系《たいようけい》を はじめ、すべての 天体《てんたい》を ふくんだ、はてしなく 広《ひろ》い 空間《くうかん》。

自然《しぜん》 ◇ 植物《しょくぶつ》

（　）に　あてはまる　より　よい　言葉《ことば》を［　］から　えらんで、記号《きごう》で答《こた》えましょう。言葉《ことば》は、一回《いっかい》ずつしか　使《つか》えません。

(1) ヒマワリの　たねを　（　）。

(2) サクランボの　なえ木《ぎ》を　（　）。

(3) 草《くさ》が　（　）。

(4) アサガオの　花《はな》が　（　）。

(5) タケノコが　（　）。

ア　さく
イ　まく
ウ　生《は》える
エ　育《そだ》つ
オ　育《そだ》てる

自然《しぜん》 ◆ 動物《どうぶつ》

（　）に あてはまる より よい 言葉《ことば》を ［　］ から えらんで、記号《きごう》で 答《こた》えましょう。言葉《ことば》は、一回《いっかい》ずつしか 使《つか》えません。

(1) ネコが うるさく（　　）。

(2) 小鳥《ことり》を 三羽《さんわ》（　　）いる。

(3) セミの 地上《ちじょう》での（　　）は 短《みじか》い。

(4) 犬《いぬ》が うれしくて（　　）を ふる。

(5) びくに 入《い》れて 魚《さかな》を（　　）おく。

ア 命《いのち》
イ お
ウ 鳴《な》く
エ かって
オ 生《い》かして

自然《しぜん》

◇ 全身《ぜんしん》

次《つぎ》の 絵《え》に 合《あ》う 言葉《ことば》を ［　］ から えらんで、記号《きごう》で 答《こた》えましょう。

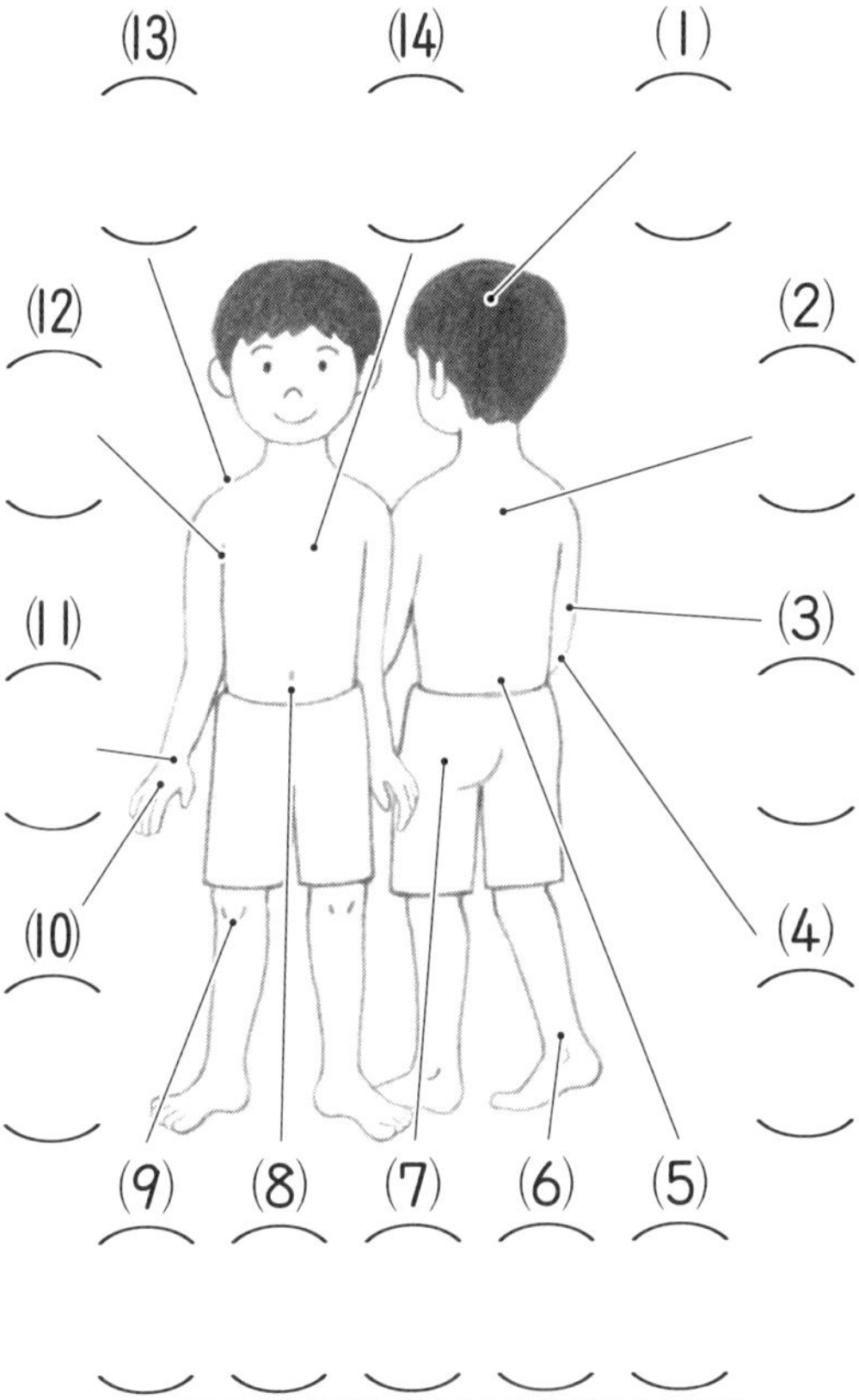

ア 手《て》　イ しり
ウ うで　エ むね
オ 頭《あたま》　カ せなか
キ 足首《あしくび》　ク おなか
ケ かた　コ ひじ
サ ひざ　シ 手首《てくび》
ス こし　セ わき

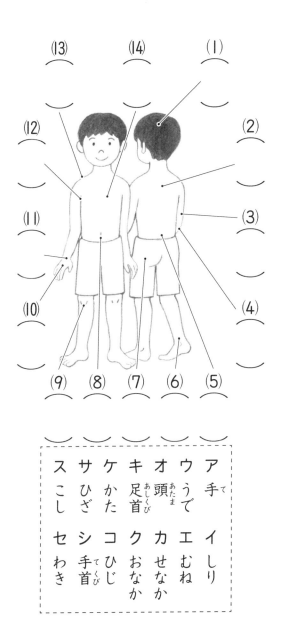

自然《しぜん》 ◆ 頭部《とうぶ》

次《つぎ》の 絵《え》に 合《あ》う 言葉《ことば》を □ から えらんで、記号《きごう》で 答《こた》えましょう。

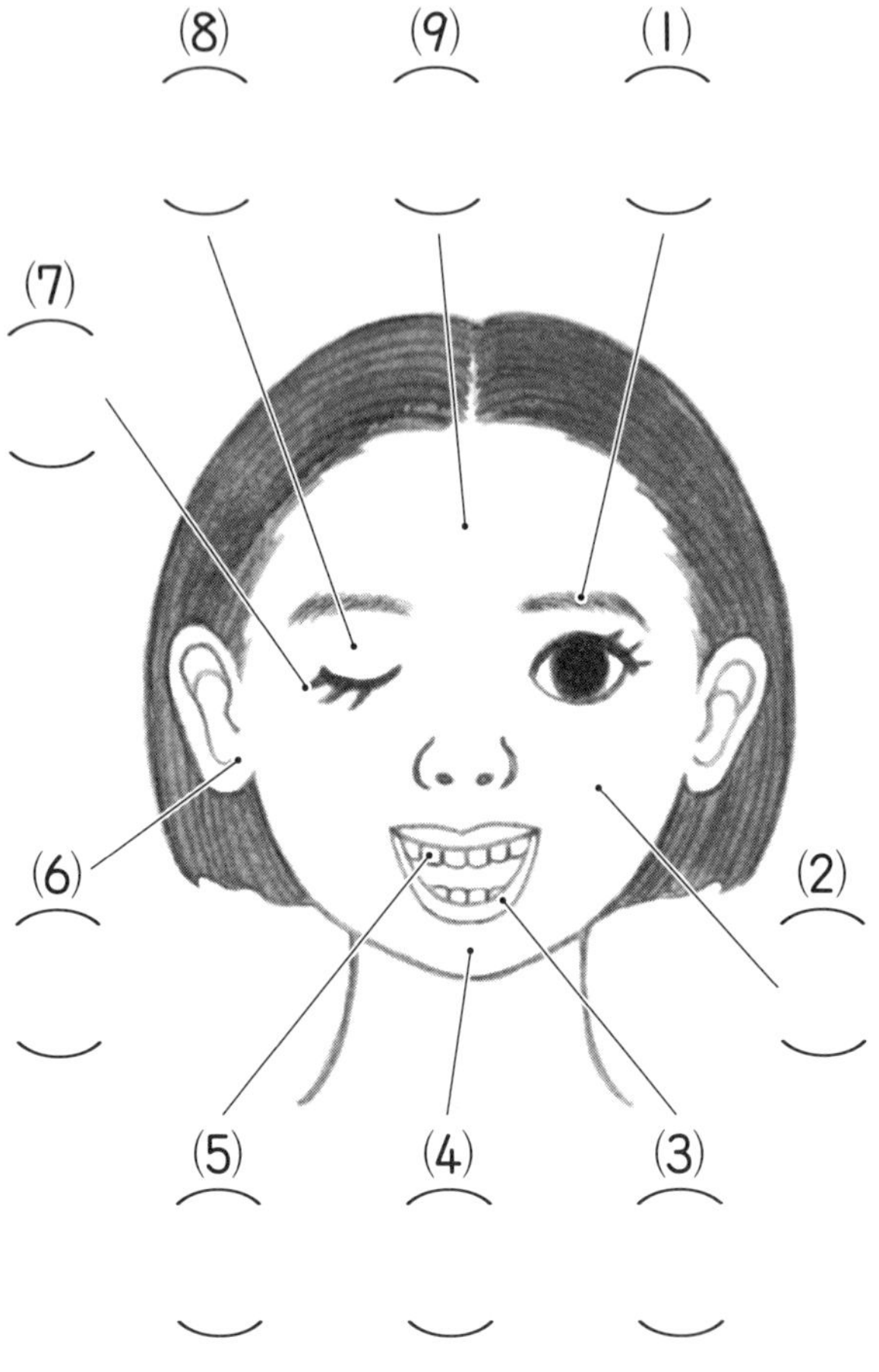

ア くちびる
イ 歯《は》
ウ 耳《みみ》
エ あご
オ ほお
カ まぶた
キ ひたい
ク まつげ
ケ まゆげ

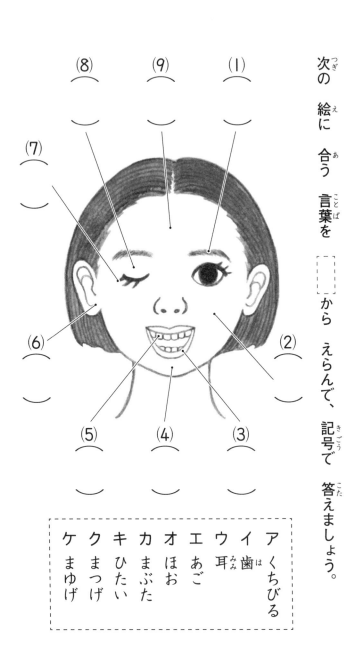

自然《しぜん》 ◆ 指《ゆび》

次《つぎ》の 絵《え》に 合《あ》う 言葉《ことば》を □ から えらんで、記号《きごう》で 答《こた》えましょう。

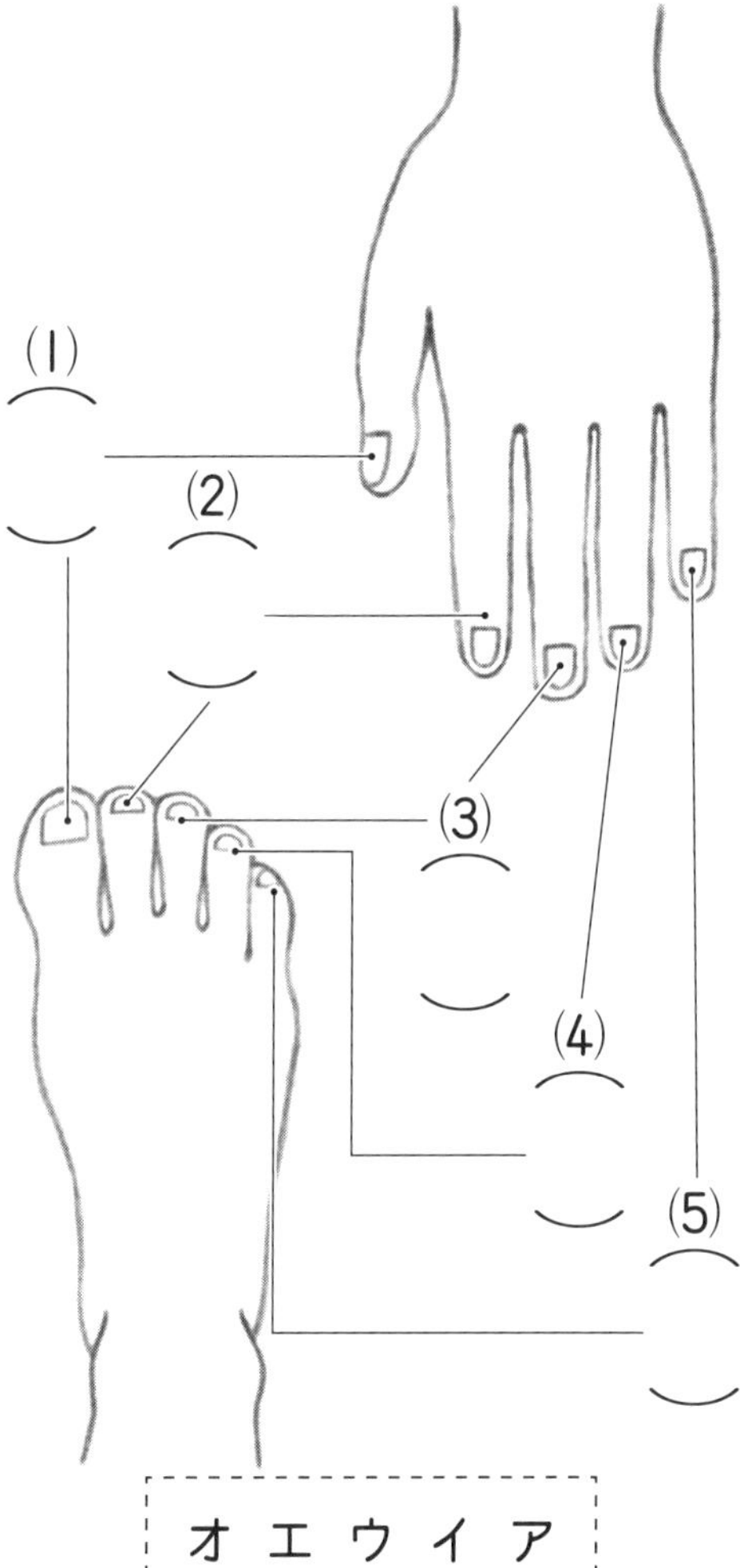

ア 中指《なかゆび》
イ 薬指《くすりゆび》
ウ 小指《こゆび》
エ 親指《おやゆび》
オ 人さし指《ゆび》

自然《しぜん》◇時《とき》

次《つぎ》の 言葉《ことば》の 意味《いみ》を 下《した》から えらんで、●―● で むすびましょう。

(1)
① 一気《いっき》に ・　　・ア いっぺんに。一息《ひといき》に。
② いきなり ・　　・イ 急《きゅう》に。とつぜん。

(2)
① 今晩《こんばん》 ・　　・ア どの 夜《よる》も。夜《よ》ごと。
② 毎晩《まいばん》 ・　　・イ 今日《きょう》の 夜《よる》。

(3)
① このごろ ・　　・ア 未来《みらい》の はっきりしない 時《とき》を 表《あらわ》す。
② いつか ・　　・イ 少《すこ》し 前《まえ》から げんざいまでを さす 言葉《ことば》。

自然《しぜん》

時《とき》の けいか

（　）に あてはまる より よい 言葉《ことば》を ［　］から えらんで、記号《きごう》で 答《こた》えましょう。言葉《ことば》は、一回《いっかい》ずつしか 使《つか》えません。

(1) おじは 大学《だいがく》を 出《で》てから （　　） アメリカに いる。

(2) 雪《ゆき》が とけて （　　） 春《はる》に なった。

(3) 妹《いもうと》も （　　） 学校《がっこう》から 帰《かえ》るだろう。

(4) （　　） 二日前《ふつかまえ》の できごと。

(5) （　　）を なつかしむ。

ア 昔《むかし》
イ つい
ウ やがて
エ やっと
オ ずっと

使《つか》い方《かた》に とくちょうの ある 言葉《ことば》 ◇ 発音《はつおん》は 同《おな》じで 意味《いみ》が ちがう

「はな」と 「あめ」と 「かわ」の 意味《いみ》が 同《おな》じ ものを、•—•で むすびましょう。

(1)
① 子犬《こいぬ》の はな。 •　　•ア バラの はな。
② スミレの はな。 •　　•イ ゾウの はな。

(2)
① あめを なめる。 •　　•ア あまい あめ。
② あめが ふる。 •　　•イ あめの 音《おと》。

(3)
① ミカンの かわ。 •　　•ア ぎょうざの かわ。
② ながれが はやい かわ。 •　　•イ かわで およぐ。

使《つか》い方《かた》に　とくちょうの　ある　言葉《ことば》

◆こそあど言葉《ことば》

次《つぎ》の　絵《え》に　合《あ》う　言葉《ことば》を　［　］から　えらんで、記号《きごう》で　答《こた》えましょう。

(1) ぼくが　持《も》って　いる（　）本《ほん》は、とても　おもしろい　本《ほん》です。

(2) あなたが　持《も》って　いる（　）本《ほん》は、おもしろいのですか。

(3) つくえの　上《うえ》に　おいて　ある（　）本《ほん》は、おもしろいそうです。

(4) 次《つぎ》は、（　）本《ほん》を　読《よ》みたいのですか。

ア　あの　イ　その　ウ　どの　エ　この

使《つか》い方《かた》に とくちょうの ある 言葉《ことば》 ◇ 人《ひと》を よぶ ときの 言葉《ことば》

次《つぎ》の 言葉《ことば》の 意味《いみ》を 下《した》から えらんで、●―●で むすびましょう。

(1) わたし・　・ア 相手《あいて》の 人《ひと》を さして 言《い》う 言葉《ことば》。

(2) ぼく・　・イ はっきりと 決《き》まらない ものを さす 言葉《ことば》。

(3) あなた・　・ウ 自分《じぶん》を さす 言葉《ことば》。

(4) だれ・　・エ とくに 決《き》めないで いっぱんの 人《ひと》を さす 言葉《ことば》。

(5) 何《なに》・　・オ 男子《だんし》が 自分《じぶん》を さして 言《い》う ときに 使《つか》う 言葉《ことば》。

使《つか》い方《かた》に　とくちょうの　ある　言葉《ことば》

文《ぶん》と　文《ぶん》を　つなぐ

（　）に　あてはまる　よりよい　言葉《ことば》を　[　]から　えらんで、記号《きごう》で　答《こた》えましょう。言葉《ことば》は、一回《いっかい》ずつしか　使《つか》えません。

(1) 春《はる》に　なった（　）、まだ　寒《さむ》い。

(2) 歯《は》ブラシと　石《せっ》けん、（　）タオルを　用意《ようい》する。

(3) パンに　しますか、（　）ごはんに　しますか。

(4) うまく　できない。（　）べつの　ほうほうで　やって　みた。

ア　それから　イ　けれど　ウ　そこで　エ　それとも

使《つか》い方《かた》に　とくちょうの　ある　言葉《ことば》◇

人《ひと》を　うやまう　言葉《ことば》

次《つぎ》の　言葉《ことば》の　意味《いみ》を　下《した》から　えらんで、●―●で　むすびましょう。

(1) ちゃん　・　　・ア　手紙《てがみ》などの　受《う》け取《と》る　相手《あいて》を　表《あらわ》す。

(2) さん　・　　・イ　二人《ふたり》以上《いじょう》で　ある　ことを　表《あらわ》す。

(3) 様《さま》　・　　・ウ　うやまう　きもちを　表《あらわ》す　ていねいな　言《い》い方《かた》。

(4) たち　・　　・エ　うやまう　きもちを　表《あらわ》す。「様《さま》」よりも　くだけた　言《い》い方《かた》。

(5) あて　・　　・オ　人《ひと》を　表《あらわ》す　言葉《ことば》に　つけて　親《した》しんで　言《い》う　ときの　言葉《ことば》。

使《つか》い方《かた》に とくちょうの ある 言葉《ことば》 ◆ てにをは言葉《ことば》

言葉《ことば》の 使《つか》い方《かた》が 正《ただ》しい ほうの 字《じ》を、○で かこみましょう。

(1) わたし｛は　わ｝、早起《はやお》きが とくいです。

(2) 東京《とうきょう》｛へ　え｝行《い》きます。

(3) ごはん｛を　お｝おいしく いただきました。

(4) おこづかい｛を　お｝もらって 帰《かえ》りました。

答《こた》え

「ことばプリント」小学《しょうがく》1・2年《ねん》生《せい》

4ページ
(1) ウ (2) オ (3) エ (4) ア (5) イ

5ページ
(1) エ (2) イ (3) ウ (4) ア

6ページ
(1) イ (2) イ (3) ア (4) イ

7ページ
(1) エ (2) ア (3) イ (4) ウ (5) オ

8ページ
(1) ウ (2) イ (3) エ (4) オ (5) ア

9ページ
(1) オ (2) ウ (3) イ (4) エ (5) ア

10ページ
(1) イ (2) ア (3) エ (4) オ (5) ウ

11ページ
(1) ア (2) イ (3) ア (4) イ

12ページ
(1) オ (2) イ (3) ウ (4) ア (5) エ

13ページ
(1) エ (2) イ (3) オ (4) ウ (5) ア

14ページ
(1) ア (2) イ (3) ア (4) ア

15ページ
(1) イ (2) ウ (3) オ (4) エ (5) ア

16ページ
(1) エ (2) ア (3) ウ (4) イ

17ページ
(1) エ (2) オ (3) ウ (4) ア (5) イ

18ページ
(1) ウ (2) エ (3) イ (4) ア

19ページ
(1) イ (2) オ (3) ウ (4) ア (5) エ

20ページ
(1) ア (2) ア (3) ア (4) ア

21ページ
(1) エ (2) オ (3) イ (4) ア (5) ウ

22ページ
(1) ア (2) イ (3) ウ (4) エ (5) オ

23ページ
(1) イ (2) エ (3) ウ (4) ア (5) オ

24ページ
(1) イ (2) オ (3) エ (4) ウ (5) ア

25ページ
(1) イ (2) イ (3) ア (4) ア

26ページ
(1) ウ (2) エ (3) オ (4) ア (5) カ (6) イ

27ページ
(1) エ (2) イ (3) オ (4) ア (5) ウ

28ページ
(1) ① イ ② ア
(2) ① イ ② ア

29ページ
(1) オ (2) イ (3) ア (4) ウ (5) エ

30ページ
(1) ① ア ② イ
(2) ① ア ② イ

31ページ
(1) ア (2) ア (3) イ (4) ア

32ページ
(1) ① イ ② ア
(2) ① ア ② イ

33ページ
(1) ① イ ② ア
(2) ① イ ② ア

34ページ
(1) ウ (2) エ (3) イ (4) ア

35ページ
(1) イ (2) イ (3) ア (4) ア

36ページ
(1) イ・ウ・キ・コ
(2) ア・オ・ク・ケ
(3) エ・カ・サ・シ
※記号《きごう》のじゅんは、同《おな》じでなくてもよいです。

37ページ
(1) イ (2) エ (3) ウ (4) ア

38ページ
(1) ① イ ② ア
(2) ① イ ② ア

39ページ
(1) イ
(2) イ
(3) イ
(4) ア

40ページ
(1) ア
(2) イ
(3) イ
(4) イ

41ページ
(1) ① イ ② ア
(2) ① イ ② ア

42ページ
(1) イ
(2) エ
(3) ア
(4) ウ

43ページ
(1) ウ
(2) オ
(3) イ
(4) エ
(5) ア

44ページ
(1) イ
(2) イ
(3) ア
(4) ア
(5) ア
(6) イ
(7) ア
(8) イ

45ページ
(1) ウ
(2) オ
(3) イ
(4) ア
(5) エ

46ページ
(1) エ
(2) オ
(3) イ
(4) ア
(5) ウ

47ページ
(1) ウ
(2) ア
(3) イ
(4) エ

48ページ
(1) イ
(2) ア
(3) エ
(4) ウ
(5) オ

49ページ
(1) イ
(2) ア
(3) ウ
(4) エ
(5) オ

50ページ
(1) ① イ ② ア
(2) ① イ ② ア

51ページ
(1) ① イ ② ア
(2) ① イ ② ア

52ページ
(1) ウ
(2) イ
(3) ア
(4) オ
(5) エ

53ページ
(1) ウ
(2) イ
(3) ア
(4) エ

54ページ
(1) イ
(2) ウ
(3) ア
(4) オ
(5) エ

55ページ
(1) ウ
(2) イ
(3) ア
(4) エ
(5) オ

56ページ
(1) ① イ ② ア
(2) ① ア ② イ

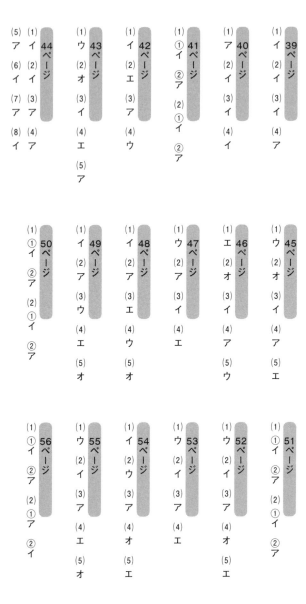

57ページ
(1) イ
(2) ウ
(3) ア
(4) オ
(5) エ

58ページ
(1) オ
(2) ア
(3) エ
(4) ウ
(5) イ

59ページ
(1) エ
(2) イ
(3) ア
(4) ウ
(5) オ

60ページ
(1) ① イ ② ア
(2) ① ウ ② ア ③ イ

61ページ
(1) イ
(2) エ
(3) オ
(4) ア
(5) ウ

62ページ
(1) エ
(2) ア
(3) イ
(4) オ
(5) ウ

63ページ
(1) エ
(2) オ
(3) ア
(4) イ
(5) ウ

64ページ
(1) ウ
(2) エ
(3) オ
(4) ア
(5) イ

65ページ
(1) ウ
(2) イ
(3) ア
(4) エ

66ページ
(1) イ
(2) エ
(3) ウ
(4) オ
(5) ア

67ページ
(1) ① イ ② ア
(2) ① ア ② イ

68ページ
(1) イ
(2) ウ
(3) エ
(4) ア
(5) オ

69ページ
(1) オ
(2) ア
(3) イ
(4) ウ
(5) エ

70ページ
(1) ウ
(2) オ
(3) ア
(4) イ
(5) エ

71ページ
(1) エ
(2) ウ
(3) イ
(4) ア

72ページ
(1) エ
(2) イ
(3) ウ
(4) オ
(5) ア

73ページ
(1) ア
(2) ウ
(3) オ
(4) エ
(5) イ

74ページ
(1) オ
(2) イ
(3) エ
(4) ア
(5) ウ

75ページ
(1)カ (2)オ (3)ア (4)エ (5)ウ (6)イ

76ページ
(1)イ (2)オ (3)ア (4)ウ (5)エ

77ページ
(1)イ (2)エ (3)オ (4)ウ (5)ア

78ページ
(1)イ (2)ウ (3)エ (4)ア (5)オ

79ページ
(1)イ (2)オ (3)ウ (4)ア (5)エ

80ページ
(1)ウ (2)エ (3)ア (4)イ (5)オ

81ページ
(1)オ (2)カ (3)ウ (4)コ (5)ス (6)キ (7)イ (8)ク (9)サ (10)ア (11)シ (12)セ (13)ケ (14)エ

82ページ
(1)ケ (2)オ (3)ア (4)エ (5)イ (6)ウ (7)ク (8)カ (9)キ

83ページ
(1)エ (2)オ (3)ア (4)イ (5)ウ

84ページ
(1)①ア ②イ (2)①イ ②ア (3)①イ ②ア

85ページ
(1)オ (2)エ (3)ウ (4)イ (5)ア

86ページ
(1)①イ ②ア (2)①ア ②イ (3)①ア ②イ

87ページ
(1)エ (2)イ (3)ア (4)ウ

88ページ
(1)ウ (2)オ (3)ア (4)エ (5)イ

89ページ
(1)イ (2)ア (3)エ (4)ウ

90ページ
(1)オ (2)エ (3)ウ (4)イ (5)ア

91ページ
(1)は (2)へ (3)を (4)を

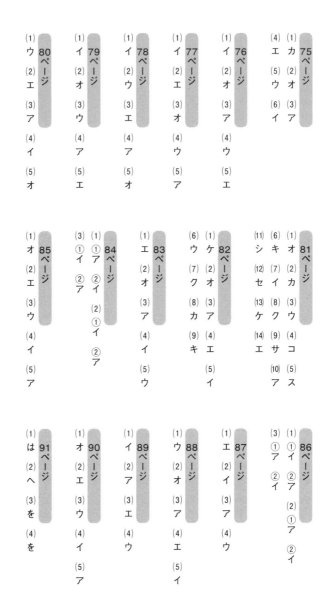